I0492475

DIVORZIO PERCHÉ?

UN'APPROFONDITA SPIEGAZIONE DELLE CAUSE DI DIVORZIO

DANIEL PATRICK

DIVORZIO PERCHÉ?

UNA SPIEGAZIONE APPROFONDITA DELLE CAUSE DI DIVORZIO.

Copyright (c) 2020 da Daniel Patrick
Tutti i diritti riservati

Nessuna parte di questo libro può essere utilizzata o riprodotta in alcun modo senza l'autorizzazione dell'autore, salvo brevi citazioni incarnato in questo libro.

L'uso di citazioni brevi o occasionali pagina la copia per uso personale o di gruppi di studio è consentita e incoraggiata. L'autorizzazione sarà concessa su richiesta.

CONTENUTI

INTRODUZIONE

Perché abbiamo così tanti casi di divorzio, in il mondo? Potrebbe essere come risultato di solo sbagliato matrimoni o c'è qualcosa che è la pesca in esso. Non dobbiamo concordare con problemi di matrimoni, ma prima vi presentiamo la risposta a questa domanda, qui è un chiaro statistiche del tasso di divorzio in tutto il mondo.

Sappiamo tutti che il divorzio è stato un alto tasso negli Stati Uniti e in quanto al momento il 39% dei matrimoni negli Stati Uniti finiscono in divorzio e da tutte le indicazioni ci sono numeri di ragioni che le coppie che decidono di chiamare un uscire. Cercando in ogni nazione del mondo, si scopre che la Russia è stato il più alto seguita da Bielorussia e quindi di Gibilterra e Stati Uniti sullo stesso piano, e vedrai che ci sono anche le nazioni con bassissimo tasso di divorzio con paesi come Sri lanka , seguita da Vietnam, Sud Africa, e la Bosnia sullo stesso piano. Così possiamo vedere che il divorzio è davvero una grande spina nel mondo e ha bisogno di un'adeguata attenzione e soluzione. Molte persone vivono nella rimpianti e di agonia.

Ci sono stati tanti fattori che sono causa di divorzio che è stato detto o scritto su e ancora non c'è una domanda che mi continua a chiedere, significa che questi fattori non sono vere o persone sono riluttanti a capire il fatto importante. Che cosa è il vero problema? Questo lavoro non è mai downgrade coloro libro o di un insegnamento sul divorzio, questo è anche di aggiungere ad esso e portare fuori il suo punto di vista, credo che ogni problema di vita ha diversi lati della moneta, quindi questo è un lato della medaglia e promette di essere un meraviglioso e risvegliare la teoria che è stato testato, provato e di fiducia.

Per tale onnicomprensivo mondo, non è sorprendente che la parola di Dio in unica soluzione a situazioni che stanno andando male. Molti wake up giornaliero, spendere un sacco di soldi per il divorzio e anche la vita paralizzati nel loro pensiero e le emozioni.

Tutti i capitoli di questo libro sono costruiti intorno alla parola di Dio e spiegato correttamente alla nostra comprensione. Di nuovo ogni capitolo innestate con un esercizio di meditazione che è possibile utilizzare se sei così inclinato.

Spero che la saggezza e la visione dalla parola di Dio, azioni per il tramite di questo libro brilla e diventare una benedizione per molte generazioni. Io sono molto certa che tutti i lettori, di tutte le religioni, sfondi, stato può imparare qualcosa circa il divorzio e la soluzione. Vi auguro molto successo nel vostro rapporto e il matrimonio e con l'aiuto di questo libro è sicuramente la sconfitta di divorzio e anche aiutare coloro che sono divorziati riconquistare la loro fiducia e amore.

CAPITOLO UNO
IL DIVORZIO E IL CONCETTO

Stiamo andando a definire la parola divorzio e l'uso che per spiegare alcuni fatti e darà anche il concetto che io sono opportune per scoprire che ci aiuteranno nella nostra spiegazione.

Ora, qual è il divorzio? Il divorzio dal greco geek traslitterazione *apolyo*; e pronuncia fonetica ap-ol-oo-oh è completamente gratuito (in senso letterale) di rilievi, di rilascio, di respingere (riflessivo partenza) o lascia morire, il perdono (in senso figurato) o in partenza, licenziamento, di perdonare, di lasciar andare sciolto, mandare via, rilasciare, in libertà, tutti questa definizione significa qualcosa, per esempio di divorzio un particolare problema, significa lasciarsi andare, anche al divorzio un raduno è quello di chiudere che la raccolta, il divorzio è una questione contro qualcuno è a perdonare e lasciare andare quella materia confronti di tale persona.

In ebraico la parola divorzio deriva dalla parola *"keriythuwth"* che significa tagliare un vincolo matrimoniale, in ebraico la parola *"shelach"* significa mandare via. Queste due parole, quando utilizzati in modo diverso nella scrittura e come si può vedere, significa tagliare il vincolo matrimoniale e la seconda con l'invio di distanza, che quando queste due parole sono sposati insieme, semplicemente significa che il divorzio è quello di tagliare il vincolo matrimoniale tra un uomo e una donna, quindi ci sono molte cose coinvolte ma in base alla nostra discussione e per lo scopo di questo libro, siamo di fronte a quello che il divorzio significa che in un matrimonio. Il divorzio è stato da tempo la creazione, non ha inizio oggi, ma quando si leggono le scritture attentamente si vedrà, è stato in modo limitato, ma oggi il divorzio è diventato l'ordine del giorno e per molti è difficile superare o di trovare piacevole per loro di andare in e poi se ne pentirà in silenzio. Per capire davvero che il divorzio è tutto dobbiamo sapere che cos'è il matrimonio, anche se nel mio libro "il piano originale per il matrimonio", mi hanno giustamente viene descritto molto bene che cosa è il matrimonio ma solo un consiglio qui per aggiungere a quello che ho lì, il matrimonio è un patto di alleanza voglio dire che è tra due persone a venire insieme per uno scopo. Anche se alcuni dicono che è solo per i bambini ma per gli amici è più che. Capire quello che voglio aprire i nostri occhi per ora e se si vuole ottenere di più sul matrimonio, il mio libro "*il piano originale per il matrimonio*" e altri libri. Ogni volta che un marito di avere un rapporto sessuale con la moglie, una alleanza fatta e mi spiego, la virilità di un uomo è come un coltello e la femminilità della donna è come la carne, quando il rapporto è fatto c'è un taglio e il sangue si è versato. Sì, si potrebbe non vedere tutto ciò che soprattutto se si sono sposati, perché tu non sei più vergine ma che succede durante il rapporto sessuale.

Nel mio libro "la Datazione, l'Amore e il Sesso". Ho preso il mio tempo per spiegare in profondità ciò che accade. Indietro a quello che siamo, il Matrimonio è un unione di un uomo e una donna. Quindi, se il matrimonio è un unione di un uomo e di una donna, quindi il divorzio è disunione tra un uomo e una donna sposati.

Quindi, quando parliamo di divorzio, è un profondo soggetti che necessitano di un'adeguata attenzione, a destra dalla storia è stato che quando un uomo prende una moglie e maries lei, e si tratta di passare che non trova favore, sono i suoi occhi, perché egli ha trovato alcune impurità in lei, viene inviato via e di essere la moglie di un altro. Potrebbe essere qualcosa di brutto, un comportamento improprio, la vergogna, e la macchia. Lo sai che chi sposa una moglie ha trovato una buona cosa, e ottiene favore dal Signore. Quindi, se l'uomo non ha visto il favore, ha divorzi, così ora se vogliamo seguire questi principi che tutti dovrebbero essere divorziato. Che è uno dei motivi per cui è bene capire che cosa il matrimonio. Voglio anche chiarire questo punto, che è che il matrimonio è stato costituito per produrre discendenza da dio. Ora, se avete letto il mio libro "*il piano originale per il matrimonio*". Ho fatto qualche spiegazione che non significa solo dare alla luce bambini, ma è un'espansione di un regno. Quando si dà la nascita, per discendenza da dio, che sono i bambini che si sono, altresì, l'espansione di un regno. Quando si dà la nascita di pio semi che sono bambini, si sono, altresì, l'espansione di un regno e se anche tu la nascita empi seme si sta espandendo anche un altro regno. Regno che non è popolare? Il motivo per i problemi di oggi nella nostra società è il risultato della distruzione di semi, ora si potrebbe chiedere a me ciò che io intendo per pietà semi e gli empi semi. È scritto inculca al fanciullo la condotta che deve andare e quando è vecchio, lui o lei non sarà partono da esso. La formazione è ciò che è necessario sapere la differenza, ancora una volta, quando una coppia di sposi a capire perchè sono sposato e dare alla luce bambini che hanno automaticamente divino semi perché tutto ciò che è in genitori influisce su di loro, e in questo libro parleremo di quella di una coppia che sono sposato e capire come e perché si sono sposati. Il divorzio è anche affrontare a tradimento con l'altro (uomo e donna). La parola tradimento deve essere ingannevole nei confronti di una persona, questo significa anche mancanza di fede, di abbandono. Sono in molti a pensare che è solo quando entrambe le parti decide di partire da ogni altro, e poi il divorzio ha preso, ma in realtà le coppie che vivono insieme, ma infedele verso l'altro è considerato come il divorzio, ho fatto un insegnamento sulla essenze di vero amore e mi ha spiegato che l'amore è stato frainteso da molti, in se, e quando, ma non è basato su di se, o quando, che cosa, o qualsiasi condizione. L'amore è incondizionato e viene dal più profondo di noi. il mio Libro "*la Datazione, l'amore e il sesso*" ha alcune profonda spiegazione sull'amore e su come è stato frainteso da molti di noi oggi, così si vede che ogni volta che c'è un piccolo problema, l'amore va freddo e gradualmente muoiono, e ancora molti di solito dicono che sono in amore, ma in realtà è lussuria, non l'amore, perché per me l'amore è perfetto e non morire, si può di disciplina, ma di non morire. Ci sono molte cause di divorzio che vediamo oggi, e in questo libro che stiamo andando a vedere alcuni fatti o cause di ciò che è stato il problema dal tempo di insorgenza. Credo che per un ragionevole punto di vista il significato della parola divorzio e ha capito molto bene.

Ora voglio condividere il concetto di divorzio e che cosa intendiamo con il concetto di divorzio. La parola è il concetto di comprensione, conservato nella mente, per esperienza, il ragionamento e l' immaginazione. Il concetto generale di divorzio è una separazione a causa di alcuni fattori che è incontrollabile dall'uomo e dalla donna.

Il mio concetto di base è questo che il

divorzio significa due differenti visione rifiutando di diventare una sola visione. Ora mi spiego cosa voglio dire, ogni uomo e ogni donna ha una visione in vita, ed essi sono creati per uno scopo particolare. Ti faccio un semplice esempio di due capitani in una sola nave con due mete, al tempo stesso, Un capitano vogliono per andare da costa di Germania e sia i capitani sono alle coste degli Stati Uniti, e il capitano B vogliono per andare alle Bahamas. Se entrambi di loro decide di condurre la nave, ci sarà confusione, litigare e alla fine di una partenza. Così, allo stesso modo, un uomo con una visione che si è sposato ad una donna con una visione diversa, se la donna non è pronta a presentare la visione dell'uomo, ci sarà sicuramente un disastro in quel matrimonio. Ora due linee parallele che rappresentano l'uomo e la donna se hanno deciso insieme quando entrambe le estremità delle due linee parallele sono uniti insieme a formare un cerchio, e il cerchio è quello che io chiamo un buon matrimonio. Ma quando c'è una delle forze che rompe il cerchio e tornare a quei due linee parallele di nuovo, è quello che io chiamo il divorzio. Nella scuola di esseri umani non siamo creati per essere da solo, ci deve essere l'unione, a prescindere dal matrimonio, si può vedere che noi esseri umani ha bisogno di amici, conoscenti. È perché siamo tutti creati per la connessione a ogni altro e per dirvi la verità, un uomo di sposare un altro uomo è un errore assoluto di scopo della vita è terribile e non deve essere menzione tra il regno umano. Non ho visto che nel regno degli animali e quindi mi chiedo perché umano provare a degradarsi inferiore animali. È sia per i anche le donne, una donna è quello di essere sposata a un uomo e la donna visione dovrebbe essere in linea con la visione dell'uomo non di divisione di scopo. Quando due persone si concentrano su uno scopo che ci si arriva comodamente e rapidamente, non sono turbato dalle sfide lungo la strada. Io ho dato l'originale personalità di un uomo e di una donna nel mio libro "*perso di Scoprire la tua personalità*" in modo da ottenere e capire un sacco di cose. Quindi il mio concetto è che il divorzio è la divisione e il matrimonio è la visione. Ogni volta che si desidera uccidere una visione si aggiunge la morte di quella visione e diventa divisione. Un buon matrimonio è una visione, ma quando la morte arriva e che è avere una visione diversa da quella originale, diventa divisione e che è il divorzio.

Meditazione

Prendere un momento tranquillo per sedersi e chiedersi, come sono sposato sto avendo la stessa visione con il mio partner? e sono pronto a cedere il mio compagno di visione? E per voi di andare in un matrimonio di prendere il tempo di chiedere a te stesso sono pronto a dare la mia visione con la persona che sto ottenendo sposato? per entrambe le parti di fare questo ogni volta, se possibile

CAPITOLO DUE
PERCHÉ IL DIVORZIO

La semplice domanda che viene, perché il divorzio? Se il titolo di questo libro è il Divorzio perché? Ma il vero motivo del divorzio? Perché il divorzio è diverso da cause di divorce o mettiamola in questo modo, perché il divorzio comporta la causa di divorzio. In questo libro ci sarà bisogno di un altro sottotitoli per descrivere la causa di divorzio che è attenta e difficili problemi su divorzio e che il prossimo capitolo.

Ma ora vediamo, perché il divorzio, è scritto che "*attraverso la saggezza è una casa costruita, e la comprensione è stabilito e con la conoscenza si riempiono le stanze di tutti i preziosi e piacevole ricchezze*", ciò che un meraviglioso scrittura e se si capisce con attenzione, questo passaggio è parlare di matrimoni. La sapienza si costruisce un matrimonio, intesa stabilisce che il matrimonio e la conoscenza rende prosperare. Perché il divorzio? È quando non c'è la saggezza,la comprensione e la conoscenza in un matrimonio? Stiamo andando a vedere tutte quelle parole con attenzione e so quanto influenzano, che dopo i risultati di divorzio.

SAPIENZA

La saggezza è detto che per costruire un matrimonio, ora che cosa è la saggezza? Mis che le azioni o discorsi di un anziano? La saggezza è l'applicazione. Applicazione di cosa? è la possibilità per qualcuno di fare il bene e il giusto decisioni base di una combinazione di ciò che egli ha conosciuto la conoscenza, l'esperienza e la comprensione intuitiva, in modo che la saggezza è qui, non è l'età se potrebbe contribuire. La gente di tutto il mondo hanno perso in questo settore che hanno appena saltare in sposando un uomo base, probabilmente, i soldi, lo stato, l'aspetto del viso, del corpo e così via, allo stesso modo gli uomini salto in matrimoni per lo stesso motivo. Ma che è l'errore più grande, perché quelle cose che hai visto sono temporanei e si esaurirà. abbiamo detto che la saggezza è la capacità di fare una buona e giusta decisioni sulla base di una combinazione di ciò che si sa, la domanda è: cosa ne sai di questa persona che si sta per sposare, di nuovo, che cosa conoscete circa il matrimonio. Io credo che questo è dove la maggior parte del nostro problema, che non sanno nulla circa il matrimonio. Ho chiesto a una giovane coppia, che solo di recente si sono sposati circa la loro conoscenza di ciò che essi sono in. Per essere sincero con voi mi ha deluso , perché la loro risposta è stata centrata sull', siamo maturati e amare l'un l'altro, in modo che abbiamo per sposarsi. Bene, ci vorrà più sulla conoscenza di destra in questo capitolo, il secondo punto è l'esperienza, c'è un modo di dire che l'esperienza è il miglior insegnante, ma non sono d'accordo con questo, si può avere l'esperienza di una particolare cosa più e più e ancora non. L'esperienza qui è che la conoscenza che avete ottenuto, e quanto avete applicato. Ora diciamo si sa molto circa il matrimonio, quindi hai fatto a usare la conoscenza e visto il risultato e hai anche bisogno di imparare dall'errore che hai fatto. Finale, la comprensione intuitiva significa che atteggiamento hai messo quando hai visto le sfide che si presentano in un matrimonio?

COMPRENSIONE

Questo stabilisce il matrimonio e che cosa è l'intelligenza? Significa comprensione, è l'atteggiamento o azione si mette verso la conoscenza (Informazioni) che hanno ottenuto. Questo è dove la maturità arriva. Una nuova coppia reale aveva una lotta, e la moglie ha scoperto che il marito ha mentito a lei in tante cose, ora potete immaginare la sua reazione, o lasciate che vi chiedo è di leggere questo libro, quale sarà la vostra reazione. Ma che cosa è successo alla nuova coppia reale era che i due di loro di uscire il matrimonio e ha iniziato a dare la colpa a vicenda, degradante a vicenda. I consigli di queste coppie c'è una cosa semplice da fare e che è quello di comprendere, attraverso il quale si tenta di sapere perché il marito stava facendo perché in tutto c'è un motivo. Lei deve afferrare completamente e accuratamente le informazioni, perché la maggior parte delle persone non approfondire ed assorbire la situazione prima di reagire, ma reagire e, successivamente, dopo l'ascolto di persone, tornano a cercare di capire perché l'atto è stato fatto e a che ora è troppo tardi, perché i tanti infortuni gravi che è stato fatto. Mio consiglio è quello di riconoscere l'errore e si prende la responsabilità. So che si potrebbe dire come, quello che voglio dire qui è che non si rendono conto del danno che si sta per portare alla vostra vita e la società, se non gestita correttamente. In questo processo si potrebbe anche scoprire che hai fatto a tuo marito di fare la cosa sbagliata, anche se non dovrebbe essere un criterio per lui di essere ingannevole. Secondo, anche riconoscere il vostro pensiero motivo, potrebbe essere che il pensiero negativo verso tuo marito e che lo ha fatto reagire in quel modo. Terzo, ammettere l'errore per te. Sai che una volta che ammettere un errore per voi non date la colpa agli altri? Un semplice esempio è che se sono sposato e mia moglie è un comportamento anomalo, la verità è, sono la causa non solo lei, perché se ho fatto la cosa giusta, lei non si comportano male. Così la moglie è ammettere l'errore a se stessa prima che il marito allo stesso modo il marito per la moglie, accettando che sono la causa e che porterà entrambi alla fase finale e che è promettente. Alla fine vedrete entrambi promettendo a se stessi di essere fedeli e di effettuare rapidamente una U-turn.

Ho usato questo metodo per curare molte rotto il matrimonio anche se per alcuni non è stato facile , ma l'hanno fatta e sono ancora oggi la fioritura e ancora sul fuoco dell'amore nel matrimonio.

CONOSCENZA

Ho detto di conoscenza il matrimonio prosperare, uno dei la più grande chiave per vincere in matrimonio anche nel business e nella vita in generale, è la conoscenza. È l'informazione o conoscere qualcosa o una persona, è necessario disporre di conoscenze su ciò che si sta andando o che cosa siete adesso. La conoscenza è forza o si può dire potere. È la base o il fondamento di ogni matrimonio. È attraverso la conoscenza che è il matrimonio più dolce e piacevole. Quindi, che tipo di conoscenza si suppone di ottenere? Non sto cercando di iniziare un altro libro proprio qui su questo, ma si deve arrivare a questi punti.

- Ottenere la Conoscenza di ciò che si vuole sposare

- Ottenere la conoscenza di dove si sta per sposare

- Ottenere la Conoscenza di come vivere con il sesso opposto

- Ottenere la conoscenza della personalità del sesso opposto.

- Ottenere la Conoscenza di affrontare la situazione correttamente quando si presentano.
- Ottenere la conoscenza di matrimonio in totale.

Come si fa a ottenere questa conoscenza, ho parlato di alcuni punti qui sul mio libro "*la Datazione, l'amore e il sesso*" per andare a prenderla e a capire di più. Ma chi legge il libro, libri sul carattere, l'amore, il matrimonio, il sesso e si prega di leggere per ottenere la conoscenza e la comprensione, qualcuno ha detto che hanno letto più di un centinaio di libri sulla relazione, il matrimonio e gridò. Essa vi aiuterà e si forma anche.

Lasciatemi dire questo che la conoscenza, la comprensione e la saggezza si intrecciano, in modo da avete bisogno di tre. Qualcuno può avere il potere che è conoscenza e non hanno autorità, che è la saggezza. Abbiamo tutti bisogno di potenza (Conoscenza), potrebbe o carattere (Comprensione) e di autorità o di capacità (saggezza).Il potere porta potrebbe che porta sull'autorità, ottenere il mio insegnamento di potenza, e la potenza e autorità.

Con questi tre punti si può vedere perché c'è il divorzio, che è come un risultato di una mancanza di conoscenza, di comprensione e di saggezza in un matrimonio.

MEDITAZIONE

Prendetevi il tempo per controllare cosa non avete conosciuto circa il vostro partner, il vostro rapporto, l'amore, il sesso e cercare, se possibile, avere qualcuno che si può indirizzare, andare a prendere il libro su queste aree, leggi e medita su di loro di sedersi con il vostro coniuge e risolvere i problemi non se stessi girando per un pubblico di disaccordo e di scherno.

Meditare ogni giorno su quello che hai studiato e provare a cambiare il vostro atteggiamento verso la vita, dire a te stesso che si sta cambiando, la pratica e anche applicare le nuove idee per la tua vita e il matrimonio.

CAPITOLO TRE
ATTENTA E SFIDE QUESTIONI

Ci sono questioni che sono curatissime e stimolante che porta al divorzio. Ricordate che non c'è fumo senza fuoco. Abbiamo visto nel capitolo precedente il principale motivo per il divorzio, ora ci sono solo le immersioni in profondità i problemi che tali motivi di generare, per esempio quando qualcuno non ha conoscenza di qualcosa che lui o lei teso ad andare male e colpisce un sacco di cose, quindi stiamo andando a vedere quei modi sbagliati. Questo libro è una perfetta combinazione di conoscenza, saggezza e comprensione; ho fatto tante indagini e, quindi, non sono solo dando qualche immaginato fatti, ma questa realtà. Ora sto andando a dare quattro si conferma attenta e difficili problemi che porta al divorzio.

SOLDI

Il denaro è una delle cose più preziose nel nostro pianeta e tutti vogliono ottenere. Ma si sa che i soldi per rappresentare il sangue, ora mi spiego di che, si può dire che mi danno i soldi, o può dire che ho bisogno di soldi, allora si può anche dire che ho bisogno di sangue per la trasfusione o di prova. La parola soldi nella stessa parola sangue nel testo ebraico che è "*damim*". Sì, il denaro è di sussistenza e mezzi per assicurare le necessità della vita. Se si guarda attraverso la storia, si scopre che molto sangue è stato versato del denaro e ancora fino ad oggi è ancora su. Questo significa che il denaro è male, no, il denaro è buono, ma, l'unico problema è che è usato scorrettamente, cercato a torto. Molti non sanno che il modo principale per fare soldi è quello di essere creativi. Beh, stiamo andando a discutere di soldi nei dettagli qui, ma come si fa a portare soldi sul divorzio? La coppia ha preso il loro matrimonio come un problem solving venture e fa un sacco di donne e uomini per andare in un matrimonio che c'è del denaro, perché ritengono che si possa risolvere il loro problema e li rendono ricchi, hanno fatto non ci va perché di amore, ma a causa di soldi e se forse il denaro non esiste più o non è molto disponibile come volevano, quindi di solito si sente di loro, dicendo: io non lo amo ancora, lui o lei non è la cura, Non mi fido di lui o di lei. Soldi come ho detto è buono, ma non deve essere il punto di riferimento per la relazione. Voglio condividere una storia con te anche se non sto andando a ricordare i nomi, si prega di tenere con me. So di un uomo meraviglioso che influenza e impartiva la vite in tutto il mondo, ma il suo inizio non è stato come il miele e il burro. Si è sposato, non aveva nulla anche preso in prestito il loro abito da sposa e l'anello e tutto ciò che è stato utilizzato, so che alcuni diranno che vergogna, ma sì, è stato divertente per loro, ma che avevano una visione in vita e ha lavorato duro, ha dormito sul pavimento di una stanza singola che avevano. La visione mantenuto sia di loro di andare e oggi vivono in un meraviglioso palazzo, a far volare i loro jet privato, entrambi sono cifre globali e tanti successi. Ma permettetemi di chiedere questa domanda, se, probabilmente, il marito o la moglie ha deciso perché non c'è denaro e a sinistra il matrimonio, qualcuno di loro ora hanno tutti quei benefici che ho citato. Ho detto in precedenza che il modo principale per fare soldi è quello di essere creativi. Sì, lo so che quelle coppie programmato molto bene, e visto il loro futuro. Una cosa che vedo in questa generazione è che non vogliono avere successo e si potrebbe dire o chiedere, ma tutti vogliono avere successo e sto dicendo che il successo è un percorso e non sono pronti a seguire questo percorso. *"Qualunque sia la ricchezza ottenuto da vanity deve essere diminuita, ma colui che raccoglie il lavoro manuale deve aumentare"*. Si potrebbe dire che sono persone che non lottano per ottenere il denaro che hanno oggi, ma *"è anche scritto che* c'è lui che fa di sé un ricco, ma non ha nulla, c'è che fa il povero e ha grandi ricchezze". È anche scritto che "un'eredità può essere ottenuto in fretta all'inizio, ma la fine di esso non essere beato'. Finisco con il dire che che "lui o lei che opprime i poveri per aumentare le sue ricchezze, e lui o lei che dà ai ricchi verranno sicuramente a desiderare". Tutto sto dicendo qui è che il denaro non dovrebbe portare circa il divorzio, ma dovrebbe essere un mezzo per aiutare o ovunque si stanno dirigendo verso (obiettivo).

INFEDELTÀ E SBAGLIATO AFFARI

Sì, questo è stato davvero uno dei notato evidente che portare sul divorzio. L'infedeltà è avere una relazione extra-coniugale al di fuori della vostra casa o del matrimonio. Barare, sposare la persona sbagliata, guardando ad altri matrimoni per confrontare la vostra, il tutto è stato un problema nel matrimonio. Ora molti diranno che non mi trucco, ho sposato la persona giusta e non sto guardando altri matrimoni ma, voglio mostrarvi inosservato un evento che accade in casa. Sai che ogni volta che voi come un partner in dubbio la tua partner, hai iniziato a rompere il vincolo del matrimonio? Si dubbio le parole, le azioni, le decisioni, anche quando lui o lei è fedele a te; hai cominciato ad avere una relazione già al di fuori del vostro matrimonio. Leggi il mio libro "*il piano originale per il matrimonio*" e capire che cosa il matrimonio. Il cuore, la mente, e nelfatto che tutto deve essere a maglia insieme. L'idolatria è anche come adulterio, ed è quando il tuo cuore è altrove, quando non si crede più a Dio, è commettere adulterio. Sì, si dice che fu proprio a causa di questo e quello, che ti ha fatto imbrogliare, ma sai che sono la causa primaria, perché già prima di quel momento il tuo cuore ha scoperto da qualche altra parte a essere.

Dico a coloro che sono nel matrimonio che ogni volta che si imbrogliare o di divorzio, non è stata una decisione immediata, ma quello che si cucina direttamente all'interno di voi, anche quando le cose sono ok, il matrimonio. Dico loro prima andarono in matrimonio non erano davvero preparati. La lussuria è stato quello che ha e alcuni sono il risultato di una solitudine che in realtà non erano pronti. Il matrimonio è un'istituzione divina che si continui a imparare e imparare e continuare per conoscervi meglio.

Alcuni hanno detto che ho sposato una persona sbagliata, ma la verità è che si era sbagliato di incontri e che è perché voglio ottenere il mio libro, "*la Datazione, l'Amore e il Sesso*" è un meraviglioso pezzo di lavoro e trasformare la tua vita. Il matrimonio non è solo saltare e saltare fuori di nuovo.

SESSO

Sì, questo è dove ho visto che la gente e i ministeri che si tenta di rifuggire da e matrimoni stanno morendo a poco a poco. Le persone vivono in schiavitù e in silenzio. Ora che cosa è il sesso? Ho detto nel mio libro "*il piano originale per il matrimonio*", che è un rapporto sessuale tra un uomo e una donna sposati legalmente, che è l'inserimento del pene di un uomo nella vagina della donna. Sesso in anche la sacra intrinsecamente bella unione, attraverso il rapporto che penetrano nella profondità dell'essere umano. Il sesso è stata una delle principali cause di divorzio; perché l'uomo non è soddisfacente la donna allo stesso modo la donna non è soddisfacente l'uomo. Il sesso è dolce come ho detto nel mio libro "*la Datazione, l'Amore e il Sesso*" ma deve essere goduto correttamente. Ricordare è di essere fatto all'interno di una circonferenza del matrimonio e della famiglia a casa. Entrambe le parti hanno bisogno di capire l'altro sesso in auto e cercare di soddisfare le esigenze di ogni altri. Il sesso aiuta a rilasciare lo stress della giornata, si dà il buon sonno, ringiovanire il corpo e aiuta il cervello la messa a fuoco. Il sesso è buono e devo dire la verità, perché abbiamo bisogno di sapere che.

alcuni sostengono spiritualità, ma purtroppo Dio si domanda loro per aver ucciso i loro partner in silenzio, anche scritto che *"non privare l'un l'altro, tranne con il consenso dell'interessato per un periodo di tempo, che si possono dare a voi stessi di digiuno e di preghiera, e venire di nuovo insieme in modo che satana non è in grado di soddisfare tutti voi a causa della vostra mancanza di autocontrollo"*. Che cosa pensi sia il significato della venuta di nuovo insieme in modo che satana non è in grado di soddisfare tutti voi a causa della vostra mancanza di autocontrollo, non è solo una parola, ma la realtà e che è il motivo per cui questa generazione è un grosso problema, perché il sesso ha colpito ovunque, che sia celibe con gli sposati sono solo funziona in modo anomalo. Il sesso è un argomento che dovrà essere discusso e ho fatto la mia parte che il mio Libro "*la Datazione, l'Amore e il sesso*".

ESPERIENZA D'INFANZIA

Questo aspetto è molto complicato, perché è ciò che molte persone si trovano ad affrontare nella vita di oggi. Essi sono influenzati dalle loro esperienze di infanzia e quando non è correttamente gestito e gestito, distrugge i matrimoni e le relazioni. Le emozioni giocano un ruolo importante anche qui, ed è una zona che deve essere attentamente gestito.

Qualcuno può usare le sue emozioni per definire una certa azione in matrimonio a torto, allo stesso modo, se un coniuge ha l'esperienza d'infanzia di non essere stati amati, che il coniuge terrà anche il matrimonio in questo modo, lui o lei deve lavorare attentamente per eliminare quelle esperienze, se non il risultato sarà un disastro. Ho visto situazioni in cui un paio sono stati problemi e la moglie di continuare a dire a mio marito non mi ama, ma il marito di tenere sottolineando che la ama così tanto, dopo tanto tempo di osservazione ho scoperto che la moglie soffre di infanzia esperienza e anche se l'uomo mostra il suo amore, lei non è mai soddisfatta. Ho iniziato consulenza e cambiando la moglie di mentalità. Ho visto un'infinità di problemi come questo e è un grosso problema nel matrimonio e quelli che non potevano sopportare più finiscono in divorzio.

Siamo in grado di vedere chiaramente i quattro punti principali che ho dato qui. Voglio anche avvisare in matrimonio, secondo il mio meraviglioso amico Iraida, ha detto che il matrimonio è sacro e segreto, il che significa che è santo e tutto ciò che avviene all'interno del matrimonio dovrebbe essere tra la coppia da sola. Molte case sono rotto di oggi a causa di amici e abbastanza divertenti, mantengono le loro case sicure, ma distruggere gli altri, essere attenti amici, non tutti gli amici sono amici, non tutto ciò che si sente al di fuori è utile nel vostro matrimonio. ESSERE ATTENTI.

MEDITAZIONE

Prendere un momento tranquillo a guardare con attenzione a voi stessi e chiedetevi conosco la persona che voglio sposare (per i single), la persona che sono sposato (coppie), ho preso il tempo per conoscere lui o lei per la parte interna o solo la superficie, sto ascoltando la gente, per distruggere la mia casa, la mia infanzia l'esperienza ha aiutato in qualche modo, posso soddisfare il mio coniuge. Quando si medita attentamente e trovare gli errori, si prega di avviare rapidamente la modifica e iniziare una nuova vita. Essa vi aiuterà a vivere un matrimonio di successo di vita. Ricordate di non aggiungere emozione, perché conduce alla decisione sbagliata.

CAPITOLO QUATTRO
È IL DIVORZIO BUONO O CATTIVO

Siamo venuti per una delle aspetto fondamentale di questo libro e molti saranno cercando di sapere se il divorzio è buono o cattivo. Ma prima voglio a correre attraverso il capitolo uno a tre, so che questo libro sono solo quattro capitoli sono meravigliosi capitoli. Nel primo capitolo abbiamo parlato di divorzio e di concetto in cui ti ho dato il mio concetto che ho detto è semplicemente due diverse visione rifiutando di diventare una visione, nel secondo capitolo abbiamo parlato del perché il divorzio e ho dato tre aree principali che sono la saggezza, la conoscenza e la comprensione. Nel terzo capitolo ho parlato o di cui abbiamo parlato, l'accurato sfide che i risultati per il divorzio, ora, in questi tre capitoli, se io sono a chiedere a voi la lettura di questo libro, è il divorzio è buono o cattivo? se stiamo a guardare questo argomento, biblicamente, è scritto che *"Dio odia il divorzio, Ma a causa della durezza del vostro cuore Mosè disse: si dovrebbe dare a lei un libello di ripudio, ma da principio non fu così"*. Allora, perché è il divorzio rampante, oggi, è che è una buona cosa. permettetemi di dire una cosa qui che quando le coppie si separano e sono andati loro, ogni volta che venire attraverso di loro, che il dolore torna di nuovo e la maggior parte di loro sviluppare subito un attacco di cuore. Il divorzio è un evento doloroso, ma se la coppia che non sono mai concordare soggiorni in un matrimonio, uno sarà sicuramente morire e che è peggiore di quello del divorzio perché per il coniuge o convivente che morì potrebbe non aver compiuto il suo/la sua visione di vita, anche se l'altro coniuge sarà solo piangere lui/lei per qualche tempo e dimenticare. Di nuovo, che è anche un omicidio, quindi non pensate che se dopo un controllo adeguato e uno dei partner non cambia, quindi la separazione è l'unica opzione. Ora, nel mondo di oggi, quando prendiamo la statistica di morte, in particolare gli uomini, si scopre che era come un risultato di un matrimonio sbagliato, casa in fiamme e così via.

Gli uomini, naturalmente, non può portare a litigi o qualsiasi cosa che può disturbare il loro cuore. Ho detto un sacco di gente che gli uomini che si vedono nel bere e centri di coloro che, anche vicino tardi dal lavoro, quando ancora non c'è il lavoro c'è, è il risultato di un fuoco e di zolfo a casa. Le donne, naturalmente, può portare le cose per lungo tempo e che è il motivo per cui si vede che non può sopportare i dolori durante la nascita del bambino e, di nuovo, a causa della loro personalità, che è stato temperato con essi forniscono un sacco di calore per gli uomini a casa e questi gli uomini cercano sempre scusa per scappare dalla casa. Per favore, questo è un occhio di apertura per ogni donna la lettura di questo libro, non è a degradare, ma per farvi capire bene o male, e se è buono, a che ora è bene o se è male, a che ora è cattivo. Credo che la spiegazione che ho dato, si capisce che il divorzio è il bene e il male.

Mi spiego con attenzione, il divorzio è buono solo quando l'altro partner si rifiutano di cambiare e sta causando danni per il matrimonio. Nessuna presentazione, nessun amore, quindi cosa stai facendo lì. Distruggerà la vita e la generazione e ricordare che Dio vuole divino semi. Il matrimonio è stato creato anche per discendenza da dio, che sarà alimentata anche da coppie che sono sposate. Non sbagli, qui, ma capisco molto bene che abbiamo impenitente esseri umani. Amici, che è una trappola mortale.

Il divorzio è un male quando non c'è alcun motivo tangibile per la separazione ad eccezione di nascosto", probabilmente per soddisfare stravagante desiderio sessuale o la paura di non essere capaci. Alcune persone divorzio per davvero alcun motivo e questo è male.

Ora non sto incoraggiando il divorzio e non

sarà mai incoraggiare il divorzio, ma la verità deve essere detta, in modo da risparmiare un sacco di persone che muoiono nel dolore a destra nelle loro case. Allo stesso modo anche per l'arresto di ogni inutile spostare il divorzio quando in realtà non sta succedendo niente. Io odio il divorzio , ma c'è un livello si ottiene, è minacciano la vita e la bibbia dice che nessun essere umano ha il diritto di prendere un altro essere umano, la vita.

Mi scusi, per favore, sto dicendo dopo tutto detto e fatto, uno dei partner si rifiuta di pentirsi o di cambiamento. Così il divorzio non è buono quando è stato come un risultato di lussuria, o desideri egoistici e allo stesso modo il divorzio è bene quando si è in pericolo di vita e dell'infedeltà.

MEDITAZIONE

Pensa che su questo capitolo con attenzione e vedere dove siete nel vostro rapporto e la vostra ragioni per il divorzio, non sto dicendo che si dovrebbe stare in piedi sul terreno di divorzio, ma invece di cercare un modo per trasformare il tuo matrimonio, seguendo i principi che ti ho dato in questo libro, ma se è sempre in pericolo di vita e l'infedeltà, senza pentimento, allora è meglio chiudere.

ANCHE DA DANIEL PATRICK

1. **Il Piano Originale per il Matrimonio**

2. **La Lezione che ho imparato da anziano**

3. **Scoprire il vostro perso personalità**

4. **Comune verità il mio maestro non mi ha insegnato**

5. Il Come: Scoprire il tuo Destino

6. **Impatto**.

7. Divorzio Perché?

8. L'Extra-ordinario gioventù

9. Incontri, l'Amore e il Sesso

E molti di più

CIRCA L'AUTORE

Daniel Patrick è un internazionale, motivational speaker, autore, leadership mentore, il rapporto/matrimonio allenatore, educatore, consulente per le imprese e il governo. Fu viaggiato molto, affrontando questioni critiche che riguardano l'intera gamma di umano, sociale e spirituale. Il tema centrale del suo messaggio per la scoperta e la massimizzazione delle potenzialità di individui, che comprende anche la trasformazione della vita mediante la produzione efficiente e leader significativi in tutti i settori della vita.

Daniel Patrick è fondatore e presidente, IN SUA PRESENZA, MINISTERO (IHPM), un multi-dimensionale organizzazione in Asaba, in Nigeria.

Daniel Patrick ha cambiato la vita di tutto il mondo e sta ancora cambiando vive con la sua semplice con valori biblici regno di insegnamento che si ispira, motiva, sfide, e incoraggia le persone a scoprire scopi personali, sviluppare il vero potenziale e riconoscere con impartendo loro capacità di leadership.

Il suo appello e messaggio di trascendere, di età, di razza, di cultura, di credo, e la situazione economica.

Daniel Patrick è un ambasciatore di pace Sotto la Universal peace federation, che è un organismo delle Nazioni Unite. Daniel Patrick è un leader con un cuore sensibile e visione internazionale. Entrare in contatto con lui inhispresenceminitries8@gmail.com

www.ingramcontent.com/pod-product-compliance
Lightning Source LLC
Chambersburg PA
CBHW071111220526
45467CB00004B/1802